ISBN : 978-2-02-130362-9

www.seuil.com

Raymond Depardon **GLASGOW**

PREFACE William Boyd

Seuil

GLASGOW
par William Boyd

J'ai vécu à Glasgow de 1971 à 1975 quand j'y faisais mes études à l'université, et j'ai appris à en connaître les moindres recoins. Depuis cette époque, j'y retourne plusieurs fois par an car ma femme y a de la famille, et j'ai pu constater *de visu* l'évolution sidérante de la ville au fil de ces quatre décennies : ce vestige du XIXe siècle est devenu une conurbation moderne et dynamique. Il est troublant pour moi de songer que lorsque Raymond Depardon se trouvait à Glasgow en 1980 et qu'il prenait ces photographies magnifiques, j'y étais moi aussi. Peut-être nos chemins se sont-ils croisés, de près ou de loin. Les scènes qu'il repérait et photographiait me paraissent familières.

Mais ce n'est pas forcément le cas pour tout le monde. Si j'osais une généralisation, je dirais que, en dehors de l'Écosse, Glasgow reste assez méconnu. À titre personnel, j'ai conscience de très mal connaître certaines villes provinciales de Grande-Bretagne comme Leeds, Manchester, Liverpool ou Birmingham, même si je m'y suis rendu à l'occasion, à tel point que je n'ai pas d'idée précise de ce qu'elles sont vraiment. Or, si ce constat s'applique au pays qui est le mien, peut-être pouvons-nous affirmer que toutes les grandes villes de province des autres pays sont des villes méconnues des étrangers. Nous, Britanniques, que savons-nous de Lyon ou de Lille, de Leipzig ou de Stuttgart, de Turin ou de Gênes ? Et pourtant, Glasgow est un lieu fascinant. C'est une ville ancienne, médiévale, qui n'a atteint son apogée qu'au zénith de l'Empire britannique, dans les années 1850. Elle était riche, commerçante, bourgeoise, d'une prospérité florissante, parfois décrite à juste titre comme la ville la plus importante de Grande-Bretagne au XIXe siècle.

Mais quand j'y habitais dans les années 1970, quand Raymond Depardon y a séjourné au début des années 1980, ses jours de gloire étaient depuis longtemps passés et son brillant avenir restait à écrire. Dès que l'on quittait le centre-ville ou les abords de l'université, sise dans l'ouest, on pouvait facilement se retrouver dans un quartier défavorisé où sévissait une pauvreté urbaine des plus sordides. On prenait alors cruellement conscience des conditions de vie insoutenables des habitants : outre le délabrement flagrant des bâtiments et les produits de piètre qualité dans les magasins, on lisait privations et désespoir sur le visage des jeunes comme des vieux.

Je garde un souvenir cuisant d'être rentré chez moi à pied un jour au début des années 1970, au petit matin après une soirée, en traversant Govan, une paroisse située près des docks que Depardon nous donne à voir dans cet ouvrage. Sans doute pleuvait-il (on a parfois l'impression qu'il pleut en continu à Glasgow), en tout cas je me rappelle avoir été frappé par le contraste entre la masse austère des bâtisses du XIXe siècle, ces longs alignements d'immeubles connus sous le nom de *tenements*, et la désolation absolue qui régnait dans les larges rues désertes où je marchais. Il y avait des terrains vagues envahis par les mauvaises herbes où brûlaient encore des braseros, des boutiques bardées de volets métalliques comme pour résister à un siège, des détritus partout, des épaves de voitures abandonnées, des

graffitis (souvent à caractère religieux, violemment sectaires) et, lorsqu'il m'arrivait de croiser un rare passant déjà dehors à cette heure matinale, j'éprouvais un fort sentiment d'insécurité. J'avais l'impression d'être un étranger en terre étrangère. Dans les quartiers de Glasgow réputés dangereux, quand on croisait quelqu'un, on hâtait le pas et on baissait la tête pour éviter tout contact visuel.

Tels sont les lieux et les paysages urbains que Depardon a su saisir avec tant de talent et de puissance d'évocation. Il est toutefois important de préciser qu'il ne s'agit là que d'un aspect de Glasgow, qui comporte aussi des îlots entiers de bâtiments victoriens d'une qualité architecturale remarquable, des banlieues verdoyantes aux pavillons splendides, de vastes parcs et jardins qui rivalisent avec ceux de Londres, des points de vue à couper le souffle (car la ville est vallonnée), des édifices publics et des églises réputés dans le monde entier.

Ian Nairn (1930-1983), l'un des plus grands spécialistes britanniques de l'architecture et de l'urbanisme, s'est rendu sur place pour la première fois en 1960, et voici ce qu'il en dit : « Glasgow a été un choc pour moi… J'ai découvert ce qui est assurément la plus chaleureuse des grandes villes britanniques et probablement la mieux conçue et la plus élégante. Visuellement, elle s'apparente davantage au meilleur des villes américaines, comme Boston ou Philadelphie, qu'à n'importe quelle ville d'Angleterre. » Même lorsque Nairn traite du plus notoire des quartiers pauvres de Glasgow, les Gorbals, il ne cache pas son admiration : « L'agencement suit un plan en damier, avec de superbes immeubles mitoyens en pierre de taille à quatre étages… N'étaient les circonstances, on saluerait ce magnifique exemple d'architecture urbaine. »

Les quartiers pauvres de Glasgow sont au centre des photographies de Raymond Depardon. Je reconnais certains coins de Govan, sur la Clyde, avec à l'arrière-plan les immenses grues des chantiers navals aujourd'hui fermés, mais aussi de Maryhill, autre quartier très défavorisé. Ce qui frappe de prime abord dans ces photos, c'est l'architecture. Depardon utilise les alignements de ces imposants *tenements* le long de grandes artères comme toile de fond des tranches de vie poignantes figurant au premier plan : une mère qui manœuvre une poussette pour traverser la route, un ivrogne comateux devant l'entrée d'un magasin, un enfant sur une bicyclette, un petit garçon qui fait une bulle de chewing-gum d'un rose incandescent juste à la limite du cadre. Je me demande si c'est l'étrangeté même de ces juxtapositions qui a attiré Depardon à Glasgow : la misère urbaine contrastant avec ce que Nairn qualifie de « modèle de réussite architecturale », la majesté des volumes face au désespoir le plus sombre au cœur de la condition humaine. Si tel est bien le cas, j'y vois une clé pour comprendre ce qui rend ces photographies si marquantes. Je ne crois pas que Depardon ait voulu faire œuvre de « photographe de rue » à Glasgow, à l'instar d'un Brassai, d'un Weegee ou d'une Vivian Maier, même si certaines images nous montrent dans quelle détresse absolue vit le sous-prolétariat. Quand je regarde ces photos, ce qui me semble en avoir été le facteur déclenchant est une certaine conception de la composition plutôt qu'une démarche sociologique, l'idée d'une structure picturale plutôt que d'un reportage sur les classes populaires. Certes, elles témoignent d'un lieu donné à un moment donné mais, même si elles sont en couleurs, la lumière de Glasgow, sa *grisaille* humide et éteinte, donne aux clichés quelque chose de cette intemporalité que confère le noir et blanc.

On pourra arguer que ma connaissance intime de cette ville constitue un handicap lorsque je regarde les photos de Depardon ; aussi dois-je m'imposer une certaine gymnastique mentale si je veux me figurer à quoi ressemblent ces décors urbains pour quelqu'un qui ne serait jamais allé à Glasgow, qui ne connaîtrait rien de son « identité visuelle » ni de sa réputation. J'imagine que ces photographies urbaines de Depardon peuvent paraître presque surréalistes : les longs alignements, la perspective exagérée, les cieux infinis, la nanification de l'humain dans le cadre gigantesque. Ces images de Govan et de Maryhill ressemblent par certains aspects aux rues qui forment l'arrière-plan des tableaux de Giorgio De Chirico ou de Paul Delvaux. Et puisque je mentionne Delvaux, cela m'évoque le romancier anglais J.-G. Ballard, autre fin connaisseur de la ville dystopique, qui fut très inspiré par le peintre belge. Je pense que tout lecteur de Ballard verrait dans le Glasgow de Depardon une illustration de ces tropes ballardiens que sont l'aliénation, l'inhumanité de la ville moderne, sa froide indifférence envers ses habitants.

Toutes ces comparaisons, ces spéculations, ces allusions artistiques et littéraires sont une manière pour moi de rendre hommage à la puissance phénoménale des photographies de Raymond Depardon. Indépendamment de leur contexte temporel, ce sont de magnifiques clichés d'une ville et de ses habitants. Glasgow en est le sujet, mais, d'une certaine façon, la ville ici photographiée est étrangement différente de la ville réelle traversée par la Clyde. Néanmoins, toutes les grandes photographies ont ce pouvoir de vous faire découvrir le monde d'un œil neuf, comme si l'appréhender à travers l'objectif d'un autre revitalise ce que vos yeux sont capables de voir mais ratent parfois.

Il se trouve que je venais de regarder ces photos de Depardon quand je suis retourné à Glasgow voici deux semaines. Métamorphosé, le Glasgow d'aujourd'hui n'a plus grand-chose de commun avec celui que Depardon photographiait au début des années 1980, et encore moins avec celui qu'Ian Nairn décrivait dans les années 1960. Les quais, chantiers navals et entrepôts abandonnés au bord du fleuve, qui constituaient le poumon industriel du Glasgow impérial et la source de sa prospérité, sont désormais des espaces urbains réaménagés où poussent immeubles de luxe, résidences sécurisées et grands monolithes argentés à l'architecture moderniste : ponts, parc d'expositions, centres de conférences, stades, tout beau tout nouveau. Et pourtant, il suffit de tourner un coin de rue pour que cette ville nouvelle du XXIe siècle laisse place aux larges rues battues par la pluie de l'ancien Glasgow, les *tenements* en grès se dressant contre le ciel encombré de nuages. Vision irréelle, comme si le XIXe siècle était de retour. Le Glasgow de Raymond Depardon est toujours bien présent.

William Boyd
Londres, septembre 2015
(traduit de l'anglais par Isabelle Perrin)

GLASGOW

By William Boyd

I lived in Glasgow from 1971-1975 – I was a student at Glasgow University – and so came to know the city very well indeed. I have been back to Glasgow several times every year since then – my wife has family there – and I have seen at first hand, over the last four decades, the city's striking evolution from 19th century relic to the modern, vibrant conurbation it is today. It's an intriguing idea to contemplate that when Raymond Depardon was in Glasgow in 1980-82, when he was taking these remarkable photographs, so was I. Conceivably our paths may have crossed, tangentially. What he was seeing and photographing were scenes that were very familiar to me.

But not to anyone else, I imagine. This is a risky generalisation but, outside of Scotland, I would say that Glasgow is something of a secret city. Indeed, when I think of other provincial cities in Britain – Leeds, Manchester, Liverpool, Birmingham – I realise I hardly have any real cognisance of them, any real idea of them, even though I have visited them from time to time. If this is true of my own country, then perhaps we can say that all big provincial cities in other countries are also secret cities to foreigners. What do we, the British, know of Lyon or Lille, for example, or Leipzig or Stuttgart, or Turin or Genoa, and so on? Glasgow, however, is a very interesting example. It's an old city, a medieval city, but it reached its apotheosis at the height of the British Empire in the middle of the 19th century. It was rich, mercantile, bourgeois, burgeoningly prosperous. It has been described as the greatest 19th century city in Britain, with good reason.

But when I went there in the 1970s, and when Raymond Depardon was there in the early 1980s, its glory days were far behind it and its glittering future lay many years ahead. When you left the centre of town, or the area where the university was (in the city's west end) it was very easy to find yourself in a neighbourhood of abject urban poverty and squalor. You were very aware of how hard the lives of the denizens of these districts were. It wasn't just the manifest decrepitude of the housing or the diminished quality of the goods in the shops – you saw deprivation and desperation etched in the faces of the young and the old.

I have a vivid memory from the early 1970s of walking back at dawn (after a party) through Govan – a dockside parish of the city that Depardon photographs in this collection. It was probably raining – sometimes it seems to rain every day in Glasgow – but I remember I was struck by the contrast between the austere solidity of the 19th century buildings, the long high rows of tenement flats, as they are called, and the abject meanness of the wide empty streets I was walking through. There were patches of weed-strewn waste ground with smouldering fires, metal-shuttered shop fronts as if ready to repel a siege, abundant litter, wheel-less abandoned vehicles, graffiti – often of a virulent sectarian religious kind – and, when I encountered the odd person out and about at this early hour, a feeling of alarm. I felt I was an alien in an alien land. Certain districts of Glasgow were dangerous. You passed by another person quickly, with no eye-contact, head down.

These are the cityscapes and the localities that Depardon has captured so brilliantly and evocatively. And yet it's important to say that it is only one side of the city of Glasgow. There are whole streets and blocks of spectacular Victorian architecture, leafy suburbs of large beautiful houses, vast parks that are the rival of London's open spaces, imposing vistas – Glasgow is hilly – and civic buildings and churches of international renown.

Ian Nairn (1930-1983) is one of the greatest British writers on architecture and the urban landscape. He visited Glasgow for the first time in 1960 and had this to say: "Glasgow was a shock to me… I found what is without doubt the most friendly of Britain's big cities and probably the most dignified and coherent as well. In looks it is much more like the best part of American cities – Boston or Philadelphia – than anywhere in England." Even when Nairn contemplated Glasgow's most famous slum – the Gorbals – he was impressed: "It is laid out on a grid, with immensely dignified four-storey, stone-built terraces… in other circumstances it would be applauded as a splendid piece of urban design."

Glasgow's slums are the focus for Raymond Depardon's photographs. I recognise areas of Govan (by the river Clyde with the huge cranes of the now defunct shipyards in the background) and Maryhill, also very deprived. What is initially so striking about the photographs is the architecture. Depardon captures the long perspectives – the tall tenements set in their wide streets – and these form the backdrop to the human drama in the foreground: a mother pushing a pram across the road, a drunk comatose in a shop doorway, a child on a bicycle, a little boy blowing an incandescent pink bubble of gum on the edge of the photograph's frame. I wonder if it was the very strangeness of these juxtapositions that drew Depardon to Glasgow: urban deprivation contrasted with what Nairn calls "one of the best examples in architecture of completely fulfilled promise." Impressive grandeur confronted with the bleak desperation at the centre of the human condition. If I'm right then I think that this gives us a clue to what makes these photographs so memorable. I don't think that Depardon was interested in being a "street photographer" in Glasgow – in the manner of Brassai or Weegee or Vivian Maier – even though there are certain images that show us how the underclass lives and how forlorn their existence must be. As I look at these photographs what seems to determine the image is more an idea of composition rather than social reportage – an idea of pictorial structure rather than demotic documentary detail.

Of course, they reflect a place and a time but, even though they are in colour, the Glasgow light – its tarnished humidity, its *grisaille* – gives the photographs something of the timelessness that monochrome bestows.

Conceivably, my familiarity with the city is a potential disadvantage when I consider Depardon's photographs – I know it too well – so it requires something of a thought-experiment to try and imagine what these urban images look like to someone who has never been to Glasgow, who knows nothing of its "look" or its reputation. I would imagine that these Depardon street views would seem almost surreal: the long vistas, the exaggerated perspective, the big skies, the diminution of the human in the context of the larger frame. These images of Govan and Maryhill take on some of the aspects of the background city streets in the paintings of Giorgio Di Chirico or Paul Delvaux. And, indeed, mentioning Delvaux reminds me of the English novelist J.G.Ballard – another connoisseur of the dystopian city. Ballard was very inspired by Delvaux and I think any reader of Ballard would see in Depardon's images of Glasgow a rendition of the classic Ballardian tropes of alienation, of the modern city's heartlessness, its aloof unconcern for its inhabitants.

All this artistic and literary comparison and speculation and allusion is a way of paying tribute to the real potency of Raymond Depardon's photographs. These are great photographs of a city and its people – regardless of the time they were taken. Glasgow is the subject but in a way the city in these photographs is at a strange remove from the actual city on the banks of the River Clyde. However, all great photographs have the capacity to make you look at the world anew, as if the view through someone else's lens reinvigorates what your eyes can see – but may be missing.

As it happens I had been looking at Depardon's photographs before I returned to Glasgow two weeks ago. The city is largely transformed today from the one that Depardon photographed in the early 1980s, let alone the one that Ian Nairn wrote about in the 1960s. The abandoned wharves, shipyards and warehouses of the riverside – Glasgow's imperial industrial heartland and the source of its wealth – are now landscaped parks of condominiums and gated communities and vast silvered monoliths of modernist architecture: new bridges, exhibition and conference centres, arenas. And yet, you can turn a corner and this new 21st city disappears and in its place are the wide rainwashed streets of an older Glasgow, the sandstone tenement blocks standing tall against the cloud-littered sky. It seems like a vision – as if the 19th century has somehow returned. Raymond Depardon's Glasgow still lives on.

William Boyd
London, September 2015

Ces photographies ont été prises avec un Leica Reflex et un objectif de 28$^m/_m$ sur film Kodachrome 64.
These photos were taken with a Leica Reflex and a 28mm lens on Kodachrome 64 film.

Bibliographie / Bibliography

Jeux Olympiques de Mexico
with Yves Nouchi, Solar, 1968

Chili
with Chas Gerresten and David Burnett,
Gamma, 1974

Tchad
Gamma, 1977

Notes
Arfuyen, 1979

Correspondance new-yorkaise
with Alain Bergala,
Libération/Éditions de l'Étoile, 1981

Le Désert américain
with Serge Toubiana, Éditions de l'Étoile, 1983

San Clemente
Centre national de la photographie, 1984

Les Fiancées de Saïgon
Cahiers du cinéma, 1986

Traversées
Fondation Leica, 1986

Hivers
Arfuyen/Magnum, 1987

Vues
Le Monde, 1988

La Pointe du Raz
Marval, 1991

Sites et Jeux
Centre national de la photographie, 1992

Depardon/Cinéma
with Frédéric Sabouraud, Cahiers du cinéma, 1993

La Colline des Anges. Retour au Vietnam
(1972–1992)
in collaboration with Jean-Claude Guillebaud
Seuil, 1993, and "Points," N° P1557

Les Routes du lait
Contrejour/Cidil, 1994

La Ferme du Garet
Actes Sud, 1995

La Porte des larmes. Retour vers l'Abyssinie
in collaboration with Jean-Claude Guillebaud
Seuil, 1993, and "Points," N° P1997

En Afrique
Seuil, 1996
re-published with the title "Afrique(s)"
"Points," N° P2365

100 Photos pour défendre la liberté de la presse
Reporters sans frontières, 1997

Voyages
Hazan, 1998

La Solitude heureuse du voyageur
Musées de Marseille, 1998
and new edition including the chapter "Notes"
Seuil, "Points," N° P1558

Silence rompu
La Joie de Lire, Genève, 1998

Rêves de désert
with Titouan Lamazou
Fondation Cartier pour l'art contemporain, 2000

Photo Poche
Actes Sud, 1999

Corse
with Jean-Noël Pancrazi, Seuil, 1999, and "Points"
N° P1209 (new edition 2011)

À tombeau ouvert
Autrement, 2000

Détours
Maison européenne de la photographie, 2000

Errance
Seuil, 2000, and "Points," N° P1099

Visa V. La Pointe du Raz
Filigranes Éditions, 2002

Désert, un homme sans l'Occident
Seuil, 2002

06 Alpes Maritimes
Xavier Barral, 2003

Piemonte
Agarttharte, 2003

Paroles prisonnières
Seuil, 2004

J.O.
Seuil, 2004, and "Points," N° P2854

Paris, journal
Hazan, 2004
(new soft cover edition 2010)

Images politiques
La Fabrique, 2004

7 × 3, une exposition de films
Fondation Cartier pour l'art contemporain/
Actes Sud, 2004

Afriques
Hazan, 2005

Photographies de personnalités politiques
in collaboration with Jean Lacouture
Seuil, 2006, and "Points," N° P1649

Villes/Cities/Städte
Steidl/Fondation Cartier pour l'art contemporain/
Actes Sud, 2007

Le Désert américain
in collaboration with Serge Toubiana, Hazan, 2007

1968. Une année autour du monde
Seuil, "Points," N° P1865, 2008

Le Tour du monde en 14 jours. 7 escales, 1 visa
Seuil, "Points," N° 2012, 2008

La Terre des paysans
Seuil, 2008

Donner la parole. Hear them speak
Steidl/Fondation Cartier pour l'art contemporain,
2008

Manhattan Out
in collaboration with Paul Virilio, Steidl, 2008

Paysans
Seuil, "Points," N° P2275, 2009

Terre natale
with Mark Hansen, Laura Kurgan et al.
Actes Sud/Fondation Cartier pour l'art
contemporain, 2010

La France de Raymond Depardon
Seuil/Bibliothèque nationale de France, 2010
(new soft cover edition, 2013)

Un aller pour Alger
with a text by Louis Gardel,
Seuil, "Points," N° P2509, 2010

Beyrouth, centre-ville
with a text by Claudine Nougaret
Seuil, "Points," N° P2510, 2010

Repérages
Seuil, 2012

Chile 1971
Lom Editorial, 2013

Manicomio
Steidl, 2013

Un moment si doux
Réunion des musées nationaux, 2013

Le Désert, allers et retours
recorded by Eric Hazan, La Fabrique, 2014

Berlin
Seuil, 2014
and Steidl, 2014

Méditerranée
Xavier Barral, 2014

Adieu Saigon
Seuil, 2015
and Steidl, 2014

Principales expositions / Main exhibitions

Un moment si doux
Grand Palais, Paris, 2013–14
MuCEM, Marseille, 2014–15

La France de Raymond Depardon
Bibliothèque nationale de France, Paris, 2010–11
Hôtel de région, Lyon, 2012–13
Museo de Bellasartes, Caracas, 2013–14
Medellín, Colombia, 2014

Errance et Détours
Maison européenne de la photographie, Paris,
2000

Main installations / Principales installations
at the Fondation Cartier pour l'art contemporain,
Paris:

"Chasseurs et Chamans"
as part of the exhibition "Yanomami,
l'esprit de la forêt," 2003

"7 × 3. Villes/Cities/Städte"
2004

"Donner la parole"
and "Tour du monde en 14 jours"
as part of the exhibition "Terre natale, Ailleurs
commence ici," 2008

"Au bonheur des maths"
as part of the exhibition "Mathématiques,
un dépaysement soudain," 2012

"8e étage"
as part of the exhibition "30 ans de la Fondation
Cartier pour l'art contemporain," 2014

Un grand merci à

Hervé Chandès, directeur général de la Fondation
Cartier pour l'art contemporain et commissaire
de l'exposition *Un moment si doux*
(RMN/Grand Palais 2013 et MuCEM 2014)

Jacques Hénaff, coloriste chez Central Dupon
Images, qui a réalisé les scans et les tirages
de *Glasgow*.

Jean-Pierre Cap, de Palmeraie et Désert,
qui a retrouvé les diapositives Kodachrome.

A big thank you to

Hervé Chandès, CEO of the Fondation Cartier
for Contempory Art and curator of the exhibition
Un moment si doux (RMN/Grand Palais 2013
and MuCEM 2014)

Jacques Hénaff, colorist at Central Dupon Images,
who made the scans and the prints of *Glasgow*.

Jean-Pierre Cap, of Palmeraie et Désert,
who found the Kodachrome slides.

Direction éditoriale : Louis Gardel
Suivi éditorial : Flore Roumens
Direction artistique : Valérie Gautier

Photogravure : EBS
Achever d'imprimer en décembre 2024 sur les presses
de EBS, à Vérone en Italie.
Dépôt légal : février 2016
Imprimé et relié en Italie